LE REPENTIR
DE MARION

ARSÈNE HOUSSAYE

GALERIE DE PORTRAITS DU XVIIIe SIÈCLE
2 séries à 3 fr. 50 c. — 5e édition.

VOYAGE A MA FENÊTRE
1 vol. grand in-8, gravures sur cuivre et gravures sur acier. — 12 fr.

POÉSIES COMPLÈTES
1 vol., 3 fr. 50 c. — 3e édition.

HISTOIRE DE LA PEINTURE FLAMANDE ET HOLLANDAISE
Édition in-folio avec 100 gravures, — 250 fr.
Édition allemande avec 50 gravures, — 150 fr.

PHILOSOPHES ET COMÉDIENNES
2 vol. à 3 fr. 50 c. — 3e édition.

BELLES DE JOUR ET BELLES DE NUIT

sous presse

RÉPERTOIRE DU THÉATRE-FRANÇAIS

HISTOIRE DU QUARANTE ET UNIÈME FAUTEUIL DE L'ACADÉMIE

VOYAGES ET PARADOXES

HISTOIRE DE LA PEINTURE FRANÇAISE

Paris. — Typ. Simon Raçon et Ce, rue d'Erfurth, 1.

LE REPENTIR

DE

MARION

PARIS
VICTOR LECOU, ÉDITEUR
10, RUE DU BOULOI, 10

MDCCCLIV

PRÉFACE

Je veux mourir comme mon divin maître, les mains clouées sur la croix, pour oublier que j'ai fermé les bras sur les vaines chimères.

L'amour a été le pain quotidien de mon âme.

J'ai bu goutte à goutte ce que le ciel avait versé dans le calice. Mais le calice s'est brisé.

On m'a présenté la coupe d'or de la courtisane : j'ai détourné mes lèvres.

J'ai voulu mourir sur la terre pour aller vivre du pain éternel de la table de Dieu.

— Écrit sur les marges de l'*Imitation de Jésus-Christ*. —

LE REPENTIR
DE MARION

I

Paris, — ceci n'est pas un paradoxe, — est encore le pays le plus inconnu. Les voyageurs les plus aventureux ne vont que là où vont les omnibus : de la Madeleine à la Bastille, et du Panthéon à Notre-Dame des Lorettes.

Vous qui, en Italie, vous êtes détourné de vingt lieues — en voiturin! — pour voir un bas-relief de Donatello, connaissez-vous les bas-reliefs de Jean Goujon de la rue aux Rats? Vous qui avez été voir le tombeau de Virgile dans les pampres du Pausilippe, avez-vous salué la maison de Balzac, la maison de Lamennais, la maison de Béranger, à Beaujon?

Beaujon est une montagne semée de villas à demi cachées dans des arbres centenaires, où le grand millionnaire du dix-huitième siècle, M. de Beaujon, a bâti son château, il faudrait dire sa petite maison, car son château c'était l'Élysée[*]. Que de grands seigneurs, aujourd'hui, se sont élevé des palais dans ce parc immense qui allait de l'Élysée au bois de Boulogne!

Ce pauvre Balzac est venu mourir, tué

---

[*] On sait que l'Élysée passa de M. de Beaujon à madame de Pompadour.

par le génie et le café, — deux poisons vifs, — entre le mur de la chapelle où était enterré M. de Beaujon et le mur du boudoir où M. de Beaujon se donnait le luxe de faire danser mademoiselle Guimard pour lui seul

Non loin de là, on peut saluer le prince Stourza dans son palais des *Mille et une Nuits*, et le duc de Brunswick dans sa forteresse allemande *, qui porte ses couleurs, car la façade est peinte en rose.

C'est aujourd'hui le pays des princes proscrits : entre ces deux têtes royales, on peut reconnaître la physionomie charmante du prince de Capoue, qui dit que Beaujon est la Capoue de Paris.

C'est aussi le pays de la philosophie : Lamennais s'est réfugié rue Lord-Byron ; — de la poésie : Béranger s'est caché rue Chateaubriand ; — des arts : Rosa Bonheur a débuté là, dans les beaux pâturages du Bel-Respiro,

* L'hôtel du duc de Brunswick a été bâti par Lola Montès.

où s'ébattaient les jolis poneys de Théophile Gautier ; c'est là que le comte d'Orsay a fini par sa belle tête de Lamartine.

Combien d'autres peintres et de sculpteurs ont à Beaujon des ateliers dignes de la Renaissance !

II

M. de Beaujon « sacrifiait aux Grâces », comme disaient les poëtes du temps. C'était le plus souvent à l'Opéra qu'il prenait ses divinités. Qui le croirait? cet homme qui semblait coulé en or était toujours amoureux comme un enfant qui sort du collége. En vain il se donnait les airs d'un roué de la régence : son cœur battait sous son masque moqueur. Aussi les coquettes avaient beau jeu avec lui. *Ah! si je lui avais fait faire antichambre!* disait mademoiselle Gaussin, le voyant passer un jour dans son carrosse à quatre chevaux, tandis qu'elle allait à pied par le mauvais temps, ses porteurs étant ivres. Il est vrai que l'amour de mademoiselle Gaussin n'avait pas d'antichambre.

M. de Beaujon avait ses pauvres, dont il s'amusait à faire des riches. Les pauvres le trompaient comme ses maîtresses. C'est-à-dire que des coquins plus ou moins déguenillés, des lazarrones de la Pépinière, des saltimbanques des Champs-Élysées, parvenaient à vivre au soleil des générosités du financier.

Un matin, il reçut une supplique dont la belle orthographe le frappa, dans ce temps où les duchesses écrivaient avec tant d'esprit et avec si peu d'orthographe.

« Je supplie M. de Beaujon de secourir
« trois infortunés qui vont mourir de faim

« et de froid, s'il ne devient leur provi-
« dence ; il y a une femme malade, il y a
« un enfant malade, il y a une pauvre fille
« qui les veille et qui est au bout de ses
« forces. Les deux derniers hivers, nous ne
« nous sommes guère chauffés qu'au soleil.
« Depuis quelques jours le froid est si rigou-
« reux, que nous ne savons plus où nous
« mettre. Tout ce que nous avions y a passé.
« J'ai beau travailler soir et matin, la mi-
« sère va plus vite que moi. Dieu nous fasse
« la grâce d'habiter un cimetière, si M de
« Beaujon ne daigne penser à nous.

« Marion DE LA FERTÉ,
« Rue Saint-Dominique-du-Roule. »

III

M. de Beaujon sonna son valet de chambre.

— Laprairie, tu vas prendre vingt-cinq louis, tu iras tout droit sans t'arrêter, ni au cabaret, ni chez les blanchisseuses, ni avec les fleuristes de la Pépinière, rue Saint-Dominique-du-Roule, chez mademoiselle Marion de la Ferté.

— Quoi ! vingt-cinq louis du coup ! elle est donc bien jolie ? murmura Laprairie entre ses dents.

— C'est possible, dit monsieur de Beaujon, qui l'avait entendu. J'y vais moi-même.

Le financier ajusta sa perruque et prit sa canne à pomme de porcelaine peinte par Kleinchtat.

Ce n'était pas la première fois que M. de Beaujon sortait à pied ; on le rencontrait çà et là le nez au vent, comme s'il cherchait une aventure.

Le voilà qui arrive dans la petite rue Saint-Dominique-du-Roule. Il devine la maison, il s'enfonce dans l'allée et monte quatre à quatre, en homme qui ne sait pas s'il s'est mis en route pour une bonne action ou pour une mauvaise action. N'y avait-il pas de l'une et de l'autre ? N'est-ce pas souvent la main du démon qui secoue l'arbre d'or et de pourpre de la charité ?

Au troisième étage, il s'arrêta tout es=

soufflé devant une fraîche et rubiconde marchande des quatre saisons, qui faillit l'ensevelir sous une avalanche de salade.

— Prenez donc garde, dit-elle, au train dont vous y allez, nous ne pouvons pas passer tous les deux à la fois. Où montons-nous donc si matin avec cet habit de cour ?

— Je n'en sais rien, dit M. de Beaujon ; connaissez-vous mademoiselle Marion de la Ferté ?

— Si je la connais ! Ne m'en parlez pas : misère et compagnie. Sur ma foi, si je n'avais pas trois enfants sur la paille, je m'occuperais un peu de leur cuisine. Si vous saviez, mon beau monsieur, il y a un pauvre petit enfant qui n'a qu'un souffle et qui a l'air d'avoir toujours vécu de l'air du temps. Avant-hier, il avait pleuré toute la nuit. Je suis allée le voir avant de partir pour le marché : il n'avait plus la force de crier ; mais il ouvrait sa petite bouche comme les oiseaux qui attendent la becquée. Je l'ai pris dans mes bras, et je lui ai donné mon sein, car, Dieu merci, la gamelle est bonne ; aucun de mes enfants ne s'en est plaint. C'est bien étonnant, il y avait plus de six semaines que l'enfant n'avait bu à cette bouteille-là. Eh bien ! il s'en est donné à cœur joie, comme si c'était son habitude. Hier, je lui ai encore donné à boire; aujourd'hui, je n'ai pas encore eu le temps de monter.

Tout en écoutant, M. de Beaujon avait dépassé la marchande des quatre saisons : il arrivait au quatrième étage, c'est-à-dire à la dernière porte d'une odieuse maison qui semblait bâtie pour loger toutes les désolations.

C'était l'enfer sans feu.

Il frappa doucement à la porte; il fut soudainement ébloui par l'apparition d'une jeune fille belle de ses vingt printemps, belle de sa grâce, belle de sa beauté. Elle était pâle, ce qui donnait encore plus d'éclat à ses yeux. Ses beaux cheveux noirs, bouclés à la Ninon, n'étaient pas éteints par la poudre. Elle était vêtue de noir, avec une simplicité savante qui dissimulait la misère.

— Mademoiselle Marion de la Ferté? dit M. de Beaujon en s'inclinant.

— Est-ce que ce serait M. de Beaujon? dit la jeune fille avec un sourire d'espérance qui n'effaça pas toutefois la tristesse empreinte sur sa figure.

Elle fit entrer le financier dans l'unique chambre où vivait une vieille femme, une jeune fille et un enfant, sans air, sans soleil, sans pain et sans feu.

— Quoi! s'écria M. de Beaujon, vous en êtes réduite à une pareille misère?

A cet instant, et pour toute réponse, l'enfant pleura dans son berceau.

— Que diable, poursuivit M. de Beaujon, puisqu'il y a un enfant ici, il devrait y avoir un homme.

Et il pensait en lui-même qu'il était bien étonnant qu'une si belle fille eût été si jeune abandonnée.

— Hélas! dit la mère, depuis la mort de M. de la Ferté, qui a servi le roi, nous n'avons pas vécu en brillante compagnie, on nous a fuies, moi et ma fille, sous prétexte qu'il n'y a rien de bon à gagner avec ceux qui sont pauvres.

— Mais enfin, se disait en lui-même M. de Beaujon, cet enfant-là n'est pas venu tout seul.

Et il regardait à la dérobée la jeune fille, tout surpris de son grand air de simplicité et d'innocence.

— Mademoiselle, je ne suis pas de ceux qui ont peur des pauvres. Ce qui me manque le plus, ce n'est ni l'argent ni la bonne volonté, c'est le temps, le temps, la seule chose chère pour moi. Je suis à vos ordres, que voulez-vous que je fasse? Est-ce assez de vous donner ma bourse, vous chargerez-vous bien du reste, ou faut-il que je m'occupe moi-même de vous trouver un logement digne de vous?

A cet instant, la marchande des quatre

saisons, qui était curieuse autant que bonne, entra bruyamment dans la chambre.

— Voyons, dit-elle d'un air attristé, mais sans toutefois masquer tout à fait son air jovial, nous allons donner à boire à ce pauvre enfant.

Et, sans plus de façon, elle dévoila une blanche mappemonde et mit l'enfant à cette table somptueuse.

M. de Beaujon se demandait pourquoi la jeune fille ne donnait pas à boire à son enfant.

C'était au temps où Jean-Jacques appelait marâtres toutes les mères qui n'étaient pas à la fois mère et nourrice.

— Vous avez donc perdu votre lait? dit M. de Beaujon à la jeune fille, sans songer le moins du monde qu'il allait l'offenser jusqu'au fond du cœur.

Mademoiselle Marion de la Ferté rougit et pâlit tour à tour; elle se détourna pour essuyer deux larmes.

— Je ne suis pas la mère de cet enfant,

dit-elle avec douceur, comprenant bien que M. de Beaujon avait pu se tromper.

— Vous n'êtes pas la mère! alors je m'explique pourquoi le père n'est pas ici.

M. de Beaujon prit la main de la jeune fille et lui demanda pardon.

— Mais pourquoi cet enfant? reprit-il.

— Pourquoi cet enfant? répondit mademoiselle de la Ferté, c'est parce qu'il fallait que cet enfant eût une mère.

— Ah! oui, mon bon monsieur, s'écria la nourrice improvisée, c'est une belle action qui lui vaudra sa part du paradis. Figurez-vous qu'il y avait là, porte à porte, une pauvre femme qui s'était laissé prendre aux beaux discours d'un soldat aux gardes françaises. Un enfant est venu, le père s'est en allé. A force de chagrin, la mère est morte; il est vrai qu'elle n'avait plus de lait à donner à son enfant. On n'est pas riche quand on monte notre escalier. De ceci ou de cela, nous n'en savons rien, elle est morte, si bien qu'il a fallu l'enterrer aux frais de la maison. Il y en a qui ont un chien à leur enterrement; la pauvre malheureuse s'est en allée toute seule. Et comme son enfant pleurait, qu'est-ce qui aura le cœur de le porter aux Enfants-Trouvés? disions-nous. Voilà que mademoiselle, qui avait veillé la mère à ses trois dernières nuits, prit l'enfant sur son cœur pour lui dire adieu. Et voilà que ce pauvre cher enfant s'attachait de ses petites mains à son cou, comme s'il avait peur de la quitter. C'était à fendre le cœur. « Eh bien, dit-elle, tu n'iras pas aux Enfants-Trouvés; je travaillerai pour toi un peu plus tard, tant qu'il restera de l'huile dans la lampe. » Car il faut que vous sachiez, mon beau monsieur, que cette jeune demoiselle brode comme une fée dix-huit heures par jour, pour gagner six sous. Et que voulez-vous qu'on fasse avec six sous, quand on a une mère quasi-aveugle et un enfant au berceau? Misère des misères! Tout y a passé, ce qu'on a et ce qu'on n'a pas. Ah! il y en a plus d'une qui fait un autre usage de ses vingt ans !

La jeune fille détournait la tête. M. de Beaujon, attendri jusqu'aux larmes, lui reprit la main et la baisa avec respect.

— Et je me croyais charitable, moi ! dit-il avec humilité. Moi, je ne donnais que mon argent, vous, vous donniez votre vie. Si cet enfant ne devient pas un grand cœur, il est indigne du jour.

La marchande des quatre saisons s'était approchée tout contre M. de Beaujon.

— N'est-il pas joli l'enfanchon?

L'enfant, qui s'était régalé tout son soûl, se mit à sourire au financier, soit qu'il fût content de son déjeuner, soit que la figure de M. de Beaujon le mit en gaieté. Il montrait ses quatre petites dents, où l'on voyait perler encore une dernière goutte de lait.

M. de Beaujon, pour l'entretenir dans sa belle humeur, lui montra tour à tour ses breloques, sa montre et sa canne. L'enfant prit plaisir au jeu, il tendait ses petites mains pour tout saisir, si bien que, le financier, s'étant penché sur lui pour l'embrasser, l'enfant attrapa sa perruque et la fit tomber sur le carreau. La nourrice de hasard éclata de rire, et M. de Beaujon eut le bon esprit de faire comme elle, tout en rajustant sa perruque.

— Eh bien! dit-il en frappant le carreau de sa canne, puisque j'ai amené la gaieté ici, je veux qu'elle y reste.

M. de Beaujon était un philosophe : il pensa qu'il était dangereux pour cette belle vertu de vingt ans de la changer soudainement d'atmosphère. Il y avait là un tableau biblique un peu sombre qu'un peu d'or allait illuminer.

— Adieu, dit le financier en donnant une poignée d'or à la mère. Je viendrai vous revoir. Quand vous n'aurez plus d'argent, écrivez-moi.

Et il s'en alla le cœur content. La marchande des quatre-saisons le rejoignit dans l'escalier.

— Vous êtes un brave homme, vous, lui dit-elle gaiement, mais avec émotion ; vous êtes un brave homme, et j'ai bien envie de vous embrasser.

M. de Beaujon pensa qu'il aimerait mieux embrasser Marion ; mais il se laissa embrasser de fort bonne grâce.

IV

A six semaines de là, M. de Beaujon fit une seconde visite à mademoiselle Marion de la Ferté. Il la trouva à la fenêtre, devant un petit jardinet de roses et de verveines. Il ne la vit plus seulement sous l'image de la charité, il la vit sous sa vraie figure qui était celle de la jeunesse.

Elle lui dit combien elle était heureuse du

bonheur de sa mère et du cher petit enfant qui dormait dans un berceau tout embelli par ses mains. L'intérieur, naguère si désolé, avait pris un air de fête; c'était la pauvreté encore, mais la pauvreté bénie du ciel, la pauvreté qui chante et qui rit à belles dents.

M. de Beaujon se pencha à la fenêtre pour respirer les roses.

— Ah! ah! dit-il d'un air malin, vous n'êtes pas tout à fait seule à cette fenêtre, si j'en crois ce beau capitaine de mousquetaires qui lit un roman à la fenêtre voisine.

Marion rougit et dit qu'elle ne connaissait pas son voisin, mais qu'il était fort apprécié par l'enfant pour ses beaux habits.

— C'est cela, dit M. de Beaujon, c'est l'amour qui conduit Mars dans les bras de Vénus.

— Mars peut-être, dit Marion, mais Vénus, jamais!

Et elle dit ces mots d'un air si digne et d'une voix si fière, que M. de Beaujon eut regret d'avoir hasardé sa métaphore mythologique.

— Oui, oui, pensa-t-il, quelques escarmouches qui n'aboutiront qu'à une défaite ; car cette belle fille est née pour la vertu.

Et il s'en alla après avoir baisé doucement le front de Marion.

— Ah ! dit-il dans l'escalier, si j'avais rencontré une pareille tête à l'Opéra !

V

M. de Beaujon retourna, au bout d'un mois, rue Saint-Dominique-du-Roule, mais ne trouva pas Marion. Il l'oublia peu à peu, et ne chercha plus à la voir. Une passion l'emporta ailleurs; il voyagea en Italie, et revint en France, trop préoccupé de retrouver quelques millions perdus pour s'attarder dans les sentiers touffus du sentiment.

Il disait d'ailleurs avant madame de Staël qu'en toute chose, mais surtout en amour,

n'y a que des commencements Que de préfaces on fait avant d'avoir écrit son livre !

I

Un soir que M. de Beaujon chassait avec la cour dans le bois de Meudon, il se laissa devancer par la cavalcade, et, ne sachant où la rejoindre, il prit le parti de l'attendre sous les murs du château. C'était un mauvais chasseur que M. de Beaujon; il était fier d'être de la chasse royale, mais il aurait bien voulu y être en peinture, n'étant pas si maitre de son fusil et de son cheval que de ses millions. Il mit donc pied à terre et attendit, en ouvrant l'oreille : le bruit du cor et l'aboiement des chiens retentissaient dans les grands arbres; mais ce qui frappa l'oreille de M. de Beaujon, ce fut une chanson chantée par la voix de femme la plus fraîche qui fût au monde, sur un vieil air de Lulli.

I

Aimons-nous follement.
C'est la chanson, ma mie,
Que dit le cœur de ton amant
A chaque battement.
La plus belle folie,
Sous un ciel d'Italie,
Est d'aimer follement.

II

Aimons-nous follement.
La science de vivre
Est de mourir tout doucement
Sur ton sein chaste et blanc,
Où l'amour, étant ivre,
Écrivit ce beau livre :
Aimons-nous follement.

III

Aimons-nous follement,
Jusqu'à la frénésie.
Que dit le rossignol charmant,
L'étoile au firmament,
L'art à la poésie,
La lèvre à l'ambroisie ?
Aimons-nous follement.

M. de Beaujon avait oublié qu'il chassait avec le roi de France.

— Oui, oui, dit-il en laissant tomber la bride de son cheval, aimer ! tout est là.

Et, après un silence :

— Mais je n'aime pas, et on ne m'aime pas.

A cet instant, il entrevit à travers les rameaux, déjà un peu dépouillés, la robe et la pelisse de celle qui avait chanté.

Elle n'était pas seule.

— Quoi ! dit M. de Beaujon, c'est pour un mousquetaire qu'on chante ainsi ! Quelque coquin qui n'a pas un écu au soleil !

VII

M. de Beaujon fut invité par Sophie Arnould à venir pendre la crémaillère à la petite maison qu'elle avait achetée dans la Chaussée-d'Antin.

Quand il entra dans le salon, une belle fille était au clavecin, qui chantait l'air célèbre de Richard Cœur-de-Lion : *Une fièvre brûlante...* C'était une admirable voix vibrante et délicate, sonore et voilée, qui allait droit au cœur et y retentissait.

— Ah! vous voilà, Plutus-Apollon! s'écria Sophie Arnould (M. de Beaujon rimait galamment), entendez-vous Armide qui chante?

M. de Beaujon avait pâli.

— Armide, dit-il, comment s'appelle-t-elle?

— Vous ne la connaissez pas? c'est le miracle de l'Opéra-Comique.

— C'est impossible, je la connais mieux que vous. Elle s'appelle mademoiselle Marion de la Ferté.

— Elle s'appelait comme cela l'an passé, mais aujourd'hui elle s'appelle mademoiselle Marion tout court*. C'est la vraie sœur cadette de Marion de Lorme.

— Ne me dites pas cela; je la sais par cœur.

---

* Marion avait laissé à la porte de l'Opéra-Comique son nom de famille, sur l'ordre de M. Papillon *de La Ferté*, intendant des menus.

Mademoiselle Marion de la Ferté avait cessé de chanter. Tout le monde s'était précipité pour lui dire qu'elle chantait comme les syrènes d'Homère.

M. de Beaujon s'approcha d'elle et lui dit sentencieusement :

— On pleure, on chante, voilà la vie. Je suis ravi de vous voir en si bonne compagnie.

— Est-ce une épigramme ? La bonne compagnie est celle où l'on rit ; vous êtes bien étonné de me voir ainsi métamorphosée. Oui, un beau matin je me suis envolée du toit qui se souvient de vous : j'ai perdu ma mère, l'enfant est à l'école, moi j'ai fait l'école buissonnière. Il fallait bien faire une fin. Je ne pouvais pas toujours pleurer ma mère. J'ai pris un amant, ou plutôt je me suis laissée prendre par ce beau mousquetaire...

— Le mousquetaire, ah ! mon Dieu ! un mousquetaire ! il ne vous manquait plus que cela !

— Vouliez vous donc que ce fût un chevau-léger?

Et, disant cela, la belle Marion fit une pirouette pour mettre un point à la conversation.

— A propos, dit-elle en revenant à M. de Beaujon, ce n'est pas la première fois que vous m'entendez chanter. Ne vous rappelez-vous pas ce jour de chasse dans les bois de Meudon? Je croyais que vous m'aviez reconnue?

— C'était vous?

— C'était moi, c'était lui.

Et Marion indiquait du doigt M. de Lagarde silencieux à la cheminée.

M. de Beaujon était fort ému; il avait beaucoup étudié les femmes en vivant avec elles, comme font les vrais philosophes; il les connaissait par toutes leurs folies, par tous leurs caprices, par toutes leur contradictions.

Mais là il se trouvait pris en défaut: il ne pouvait pas admettre, même en face du fait accompli, que cette belle fille, qui veillait sur un berceau comme l'ange de la vertu, pâlie et désolée par la misère, cette belle fille, que la faim n'avait pu courber vers les tentations, cette douce et timide Marion, que sa beauté elle-même n'avait pu entraîner au mal; non, le philosophe ne pouvait pas admettre qu'un beau matin, laissant derrière elle tout ce passé chaste et pieux, elle eût suivi le premier mousquetaire venu qui avait frappé à la porte de son cœur.

— Après tout, murmura le financier, qui ne perdait pas de vue l'adorable et folle Marion, si j'avais su cela, j'aurais pu être le mousquetaire; je me croyais un philosophe, je ne suis qu'une bête; plus on étudie les femmes et moins on les connait. Ou plutôt la femme c'est toujours la femme, le bien et le mal pétri sous la main de Dieu. Je croyais, pour cette fois, avoir rencontré le marbre le plus pur; maintenant que le voile est tombé, ce n'est plus que de l'argile.

Sophie Arnould vint gaiement interrompre M. de Beaujon.

— Eh bien ! financier, vous avez ce soir l'air d'un pauvre d'esprit !

— Vous avez bien raison, et si vous ne venez à mon secours, je ne ferai pas honneur à ma signature.

— Est-ce que vous seriez amoureux ?

— Amoureux ! il n'y a plus de femmes.

VIII

M. Pierre de Lagarde, capitaine de mousquetaires au régiment de Champagne, aimait passionnément mademoiselle Marion de la Ferté.

Ils avaient débuté comme de vrais amoureux de roman : l'amour à la fenêtre, l'amour dans les bois, l'amour dans les prés. Le capitaine de mousquetaires, lui aussi, s'était laissé prendre au sentimentalisme rêveur, au naturalisme romanesque de Jean-Jacques. Au lieu d'entraîner Marion à la comédie ou à la guinguette, il avait couru avec elle les bois de Satory et les prés Saint-Gervais, lui cueillant des bouquets et écoutant ses chansons.

Ainsi s'étaient passées six semaines; après quoi le capitaine Lagarde demanda à son ami Philidor si Marion, avec sa voix et sa figure, n'obtiendrait pas des débuts à l'Opéra-Comique. Débuts éclatants : voilà Marion la reine du jour : il y avait si longtemps qu'on n'avait vu chanter une si belle bouche !

Marion cependant, au milieu de son triomphe, n'avait pas donné un battement de cœur à d'autres qu'à son amant. Elle croyait que cela ne finirait pas, et que lui et elle se trouveraient ensemble au coin du feu, comme Philémon et Baucis à cent ans, un peu plus, un peu moins.

Mais l'amour n'aime pas les grandes routes qui vont si loin. Un soir Marion ne chantait pas : elle s'était enrhumée la veille et elle buvait de la tisane. L'amour n'aime pas la tisane. Le mousquetaire sortit. « Où vas-tu ? — Je ne sais pas. — Je veux le savoir. — Je te le dirai quand je reviendrai. — Tu ne m'aimes plus — Je t'adore. » Et le voilà parti.

Et soudainement, jalouse jusqu'au fond du cœur, elle jette une pelisse sur ses épaules et le suit à pas de loups. Ils demeuraient ensemble rue de l'Arbre-Sec ; il prend la rue Bailleul, toute peuplée de grisettes. Marion n'ose le suivre, mais elle le suit des yeux. Pauvre Marion ! c'était alors qu'il fallait mettre le bandeau de l'amour ! C'est impossible, dit-elle. Oui, impossible ; mais cela était. Le capitaine Lagarde était entré au cabaret avec la première venue. Ainsi va l'amour, l'amour à la mousquetaire.

La pauvre Marion n'eut pas assez de larmes dans son cœur.

Quand revint le capitaine Lagarde, il ne

la trouva plus. Ce simple billet l'attendait sur la cheminée :

« *Je vous ai trop aimé pour vous voir une heure de plus en face de moi. Je m'en vais avec la mort dans le cœur.*

« *Adieu.* »

« Marion. »

Le lendemain, Marion chantait !

Elle avait cru que cela lui serait impossible, mais l'atmosphère du théâtre changea ses idées. Elle comprit tristement qu'on peut guérir un pauvre cœur blessé à force de distractions. Et elle se jeta à corps perdu dans toutes les folies de la vie de théâtre.

« Et quand je pense, disait-elle souvent, que c'est pour oublier mon cher capitaine que je me suis ainsi oubliée moi-même ! »

Marion ne s'enivra pas longtemps à la coupe dorée de la jeunesse ; elle ne fit qu'un tour de valse dans le tourbillon des belles années : elle transforma l'Opéra-Comique en jardin d'Armide. Elle fut assiégée par tous les Renaud de la cour, de l'armée et de la ville. Mais elle eut des amants et point d'amour.

IX

Le soir de la première représentation de la *Rosière de Salency*, Marion avait trouvé Grétry si triste dans son triomphe, qu'elle était allée à lui :

— Eh bien ! Grétry, voilà donc la figure du bonheur! Ah! vous avez bien raison, le bonheur a des larmes dans les yeux.

Et, tout en lui parlant ainsi, elle avait croisé ses deux mains sur l'épaule du musicien.

— La figure du bonheur, dit Grétry en effleurant de ses lèvres les cheveux de Marion, je sais bien où elle sera ce soir.

— Où donc?

— Chez vous, avec vous.

Il y avait longtemps que Grétry couronnait Marion de ses doubles-croches parmi les trois ou quatre femmes qu'il aimait.

— Je serais curieuse, dit Marion en penchant son front sur le sein de Grétry, de voir la figure que vous feriez chez moi.

C'était la curiosité d'Ève, ce n'était pas l'amour.

X

Cependant l'amour revint.

Au milieu de ses triomphes, Marion rencontra chez mademoiselle Laguerre quelques gentilshommes de fort bel air qui passaient leur vie à Versailles et à l'Opéra, sans paraitre se douter que le monde existât ailleurs. Au premier abord, Marion pensa qu'il lui serait impossible d'aimer ces beaux enfants prodigues qui semblaient n'être venus au monde que pour vivre des folies de la vie. Aussi, pendant quelques semaines, tous ces coureurs d'aventures eurent beau papillonner autour de Marion, ils se brûlèrent les ailes en jouant avec le feu, sans qu'elle se laissât prendre au jeu.

Un soir qu'elle avait soupé en quatuor avec le marquis de Rouville, avec le duc de Durfort et mademoiselle Laguerre, elle permit au marquis de la conduire en carrosse jusqu'à sa porte. Il en voulut franchir le seuil : elle lui ferma la porte au nez. Mais, quand elle se sentit toute seule, elle s'avoua à elle-même que M. de Rouville avait peut-être franchi le seuil de son cœur.

Il y avait près d'un an qu'elle avait brisé avec le mousquetaire, celui-là qui l'avait enlevée à la pointe de son épée. L'amour aime les contrastes. Le marquis, avec ses belles manières, ses phrases aiguisées en *concetti*, son sourire à la fois railleur et sentimental, parut digne d'être aimé à ce cœur un peu désert qui cherchait des distractions.

Depuis sa rupture avec son premier amant, Marion n'avait aimé qu'à vol d'oiseau. Elle aussi avait connu ces amours sans lendemain qui naissent d'une rencontre imprévue, d'un souper bruyant, de l'ennui de la solitude, de l'enthousiasme d'une heure : — ainsi son aventure avec Grétry ; — mais elle ne s'était plus engagée dans ces passions sérieuses qui prennent leur source dans l'amour et vont se perdre dans la mort.

Marion lutta longtemps contre les coquetteries et les prières de M. de Rouville ; chaque jour de lutte fut une chute de plus pour son cœur. Elle disait tout haut qu'elle n'aimait pas, mais bientôt elle ne trompa ni le marquis ni elle-même. Elle retomba dans toutes les joies amères dont le souvenir irritait encore ses lèvres. Elle aima M. de Rouville, non pas comme elle avait aimé M. de Lagarde : la première fois, ç'avait été la prescience de l'amour ; la seconde fois, c'était la science. Les amours se suivent et ne se ressemblent pas; c'est l'histoire des saisons et des voyages : on aime le second amant parce qu'il ne ressemble pas au premier, etc., etc.

Le marquis de Rouville, qui n'avait pas une grande fortune, mais qui mangeait le fond avant le revenu, initia Marion à toutes les exquises élégances de la vie à la mode. Il la fit entrer par la porte dorée du luxe parisien, qui était, il y a un siècle, le luxe de l'esprit et des yeux. Ce fut Boucher lui-même qui peignit le boudoir de Marion. N'est-ce pas dire en un seul mot que tous les raffinements de la galanterie furent épuisés pour elle?

Et pourtant, quoiqu'elle fût toute à son amour, il lui revenait comme par fraîches bouffées des souvenirs du temps où, dans sa grâce sans ornement et sa pureté, qui semblait inaltérable, elle tombait agenouillée le soir à cette pauvre fenêtre de la rue Saint-Dominique-du-Roule, d'où elle voyait le ciel si bleu.

— A quoi pensez-vous donc? lui demanda un jour le marquis.

— A quoi je pense? dit-elle en continuant son rêve. Je pense à ces matinées où je me levais avec le soleil et où je déjeunais en compagnie des oiseaux familiers qui venaient becqueter dans ma main. Aujourd'hui que je suis sans cesse en noces et festins, ils ne viennent plus ramasser les miettes de ma table.

XI

Un nouvel amour est un renouveau pour le cœur; c'est l'aubépine toute blanche et toute parfumée, — qui bientôt n'est plus qu'un buisson. — L'amour y chante encore, mais on lui dit comme le paysan au rossignol. « Tais-toi donc, vilaine bête, qui m'empêches de dormir. »

M. de Rouville n'aimait pas Marion pour

l'aimer toujours. Quand il fut de notoriété galante qu'il avait été son amant le soir et le matin ; quand il se fut donné en spectacle avec elle, en loge à l'Opéra ou à la Comédie, en carrosse au bois ou en chenille dans sa ruelle, il avisa une autre conquête. Il ne savait pas le trésor qu'il avait sous la main, car pour lui Marion était une fille galante comme la première venue. C'était bien moins sa beauté et son cœur qu'il avait voulu conquérir que le bruit qu'elle faisait alors.

Le marquis avait l'habitude de traîner avec lui, comme compagnon d'aventures, un prince russe plus ou moins authentique, qui était devenu fort épris de Marion. Il n'y mettait pas de mystère. Marion s'en était amusée d'abord ; mais, comme au fond elle prenait tout au sérieux, elle finit par s'impatienter des madrigaux moscovites du prince Ouzakoff.

— Votre ami, dit-elle un jour à M. de Rouville, me fait perdre patience ; il me chante toujours sa sérénade en *la* mineur ; conseillez-lui donc de perdre ce ridicule.

— Comment! cela vous offense! dit le marquis en pirouettant ; mais je l'ai toujours considéré comme devant un jour ou l'autre me supplanter.

Ce mot amena un orage. Marion fut illuminée d'une étrange lumière : elle vit que le marquis n'avait que le masque de l'amour et que ce masque allait tomber.

Le lendemain le masque tomba : elle surprit son amant dans le carrosse de mademoiselle Duthé.

M. de Rouville s'excusa par cette belle maxime : Quiconque est fidèle à sa maîtresse est infidèle à l'amour.

Cette fois Marion ne chanta plus : elle tomba malade et perdit sa voix — tout ce qui lui restait.

XII

Ce fut alors que M. de Beaujon, qui était allé voir Marion çà et là, sans parti pris, comme on va saluer un souvenir ou une espérance, la trouva un soir tout éplorée et voulant mourir.

— Mourir ! s'écria le financier.

— Vivre et n'aimer plus, n'est-ce pas mourir tous les jours ?

Ce sont des phrases, dit M. de Beaujon. Voulez-vous voyager?

Oui, dit-elle vivement, pourvu que j'aille au bout du monde.

— Si vous voulez, ma chère, nous irons jusqu'à Versailles.

— Versailles! je veux m'enterrer ici ou aller vivre au milieu des bois.

— Au milieu des bois!

M. de Beaujon parut soudain illuminé par une inspiration.

— Nous irons, dit-il avec feu. Je cours sur-le-champ commander des chevaux.

Il prit son chapeau et baisa la main de Marion.

— Adieu! belle et désolée. Je reviens vous enlever dans une heure.

Il revint, il enleva Marion. Le carrosse était attelé de quatre chevaux qui allaient comme le vent.

— Ah! dit elle, comme c'est bon de s'en aller et de songer qu'on ne reviendra plus.

— Vous aimiez donc bien votre dernier amant, ma chère Marion ?

— Comme le premier.

— Vous n'avez aimé que deux fois ?

— Je n'ai pas bien compté, mais je n'ai souffert que deux fois.

— Pauvre enfant ! pour un mousquetaire qui courait les filles perdues et pour un marquis qui courait les filles d'opéra !

— Est-ce que vous vous imaginez qu'on aime des saints ? l'amour ne fait pas de morale en action.

— Pour qui vous a-t-on délaissée ?

— Pour qui ? pour aller du connu à l'inconnu. Une femme qui aime montre trop le dessous des cartes en jouant le jeu de l'amour.

— Ah ! Marion, dans le pays de la galanterie, la fausse monnaie a un cours forcé. Les plus beaux sentiments sont marqués à une effigie douteuse, et le cœur le plus pur renferme beaucoup d'alliage.

— Voilà bien la morale d'un financier !

Et, pendant qu'ils parlaient ainsi, le carrosse allait toujours à travers un tourbillon de poussière. Après six relais, après six heures d'impétueux galop, M. de Beaujon demanda à Marion si elle n'avait pas faim.

— Oui, j'ai faim, grâce à l'air vif de la forêt que nous traversions tout à l'heure. Qu'est-ce que cette forêt-là ?

— La forêt de Compiègne. Nous arrivons à un de mes châteaux. Si vous voulez, nous y souperons et nous y coucherons.

— Volontiers, d'ailleurs Compiègne c'est le bout du monde. Peut être vais-je vouloir vivre dans votre château.

Quoique la nuit fût tout étoilée, la lune n'étant pas levée encore, on ne voyait que les grands arbres et les murs d'un parc.

On fit halte ; on trouva bon feu, bon souper, bon gîte ; Marion était calmée, sinon consolée.

Le lendemain, vers midi, elle ouvrit sa fenêtre. Elle fut enivrée par l'arome des roses. Les arbres les plus rares parsemaient cette retraite féerique; l'eau vive d'une fontaine jaillissait dans un bassin tout peuplé de naïades; un moulin à vent allait pour tout de bon, quatre à quatre, aux bouffées matinales; quelques chaumières en ruines répandaient dans le lointain des nuages de fumée : l'art dans la nature et la nature dans l'art.

— Ah! dit-elle, si je pouvais arracher ici les mauvaises pages de ma vie!

XIII

Vint une femme de chambre qui demanda si mademoiselle Marion descendrait pour déjeuner et qui lui offrit en attendant une tasse de chocolat, la plus jolie tasse de porcelaine de Saxe qui eût passé le Rhin, forme exquise où couraient des arabesques encadrant des peintures que Beaudouin, le Raphaël de la miniature, eût signées avec orgueil.

— Je me croyais au désert, comme Madeleine, dit Marion; je retrouve ici tout le luxe de ma folle vie. Mais où se fuir soi-même? les déserts n'empêcheraient pas mon cœur de battre.

Et elle se mit une fois de plus à rêver au marquis de Rouville, qui était bien l'homme du monde le plus digne et le plus indigne d'une pareille passion. Il avait trahi Marion, mais il l'avait aimée. S'il l'eût trahie un jour plus tard, peut-être les rôles eussent-ils changé. Dans la trahison comme dans l'amour, il faut arriver à temps. En ce divin combat de la passion, où luttent toujours deux bêtes féroces à travers les caresses les plus douces, qui sont des caresses de tigre, il faut savoir se jeter à propos sur son ennemi, car deux amants sont deux ennemis un jour ou l'autre irréconciliables.

XIV

Marion aimait surtout l'ombre d'un sycomore, tout envahi par le lierre, où venait siffler un merle railleur. Elle s'y arrêtait par les jours de soleil et y rêvait toute une heure aux images du passé. Les images du passé, c'étaient le capitaine Lagarde et le marquis de Rouville. Les amants qu'on n'aime pas font la chaîne dans le cœur comme les jours vagues dans la vie. Ces amants-là avaient passé dans le cœur de Marion comme les tourbillons de la valse devant un miroir de Venise.

Celui qu'elle avait le plus aimé c'était encore le capitaine, mais leur rupture avait défloré la fraîche poésie de cet amour qui avait embaumé toute une saison de ses senteurs de primevère.

XV

Marion promena ses larmes dans tous les détours de cette belle solitude. M. de Beaujon avait trop d'esprit pour l'interrompre en ses chagrins. Il la laissait à tout le charme amer des souvenirs, espérant qu'un jour elle viendrait à lui, sinon pour être consolée, au moins pour être distraite. Il ne la voyait guère qu'à l'heure du dîner, çà et là, le soir. Elle se mettait au clavecin et chantait les beaux airs qui avaient charmé M. de Rouville.

M. de Beaujon aimait fort la musique, quand le musicien s'appelait Marion. Aussi passait-il des heures adorables à voir chanter Marion. Elle avait perdu sa voix, mais M. de Beaujon ne savait-il pas, par Sophie Arnould, qui n'avait jamais eu de voix, qu'une vraie chanteuse se passe bien de cela * ?

— Eh bien ! Marion, dit un soir M. de Beaujon avec un air railleur, regrettez-vous Paris ?

— Moi ! s'écria Marion, jamais. L'air pur des forêts est venu jusqu'à mon cœur.

---

* Sophie Arnould, — « le plus bel asthme que j'aie jamais entendu, » disait Grimm, — avait aimé un violon de l'orchestre, qui jouait avec un violon brisé. « Quoi ! vous avez aimé un violon ? lui disait le comte de Lauraguais. — Oui, parce qu'il jouait comme je chante, *sur un violon brisé.* »

— Phrase de philosophe ! L'air pur des forêts' savez-vous où vous êtes ?

— Dans la forêt de Compiègne.

— Vous êtes à Paris.

— A Paris !

— Nous avons voyagé cinq ou six heures dans le bois de Boulogne, après quoi nous sommes revenus dans cette austère solitude, entre les Champs-Élysées et la Pépinière, à une portée de fusil de mon palais de l'Élysée, qui n'est plus à moi.

— Quoi ! ce dôme que je voyais du parc n'était pas la cathédrale de Compiègne?

— C'est le dôme des Invalides.

— Et ce moulin à vent que je voyais de mon lit et qui me berçait dans mon sommeil?

— Ce moulin à vent, c'est mon moulin à eau. C'est lui qui monte l'eau de la Seine dans les bassins du parc *.

---

* Il y a quelques années à peine que le moulin Beaujon a disparu.

— Ah ! vous m'avez trompée ainsi ! eh bien, puisque je suis à Paris, adieu, je retourne chez moi.

— Enfant, ne croyez-vous pas que vous allez y retrouver le marquis? Restez dans ce château, où je ne pourrais plus vivre sans vous.

— Comment avez-vous fait pour y vivre seul, vous qui êtes l'homme du monde le plus recherché ?

— J'y ai vécu seul avec vous parce que je vous aime.

— Mais je ne vous aime pas, moi.

— Il faut vivre avec quelqu'un et avec quelque chose. Les créanciers ont saisi vos meubles; vous n'avez plus de chez vous. Vous vivrez chez moi et avec moi.

XVI

M. de Beaujon, conseiller d'État, trésorier et commandeur de Saint-Louis, était un homme digne d'être aimé; on se tromperait fort si on le comparait aux Turcarets de la Régence. D'abord il n'avait pas de ventre, ensuite il n'avait pas le nez rubicond. C'était un homme qui avait de la figure et de l'esprit. Il aurait joué les amoureux bien plutôt que les financiers à la Comédie-Française. Il lui en coûta cher d'être riche : il ne fut jamais aimé.

Les plus jolies filles de Paris, comédiennes ou courtisanes, venaient à lui la bouche en cœur et les yeux en coulisse, mais pas un accent de vérité n'embellissait ces bouches profanes, pas un rayon de sentiment n'illuminait ces yeux menteurs. Au lieu d'inspirer l'amour, il n'inspirait que l'amour de l'or. « *Je t'aime,* » lui disait-on. Et on lui tendait une petite main aux doigts crochus qui, pour le premier venu, était une main charmante aux doigts effilés. Il était toujours dans un cercle d'or comme le soleil dans ses rayons. Aussi on ne le voyait pas. Dès qu'il entamait une aventure, on s'appliquait à lui dérober un de ses rayons, mais on n'allait pas jusqu'à lui. L'amour n'a pas d'escarcelle et ne sait pas compter. Bienheureux les pauvres d'argent, le royaume de l'amour est à eux.

XVII

Quand on sonna le dîner, M. de Beaujon, qui lisait Jean-Jacques dans le parc, ferma le livre à la plus belle page, disant que le seul beau livre à lire c'était Marion.

Il ne la trouva pas dans la salle à manger.

— Qu'on aille avertir mademoiselle de la Ferté, dit-il au maître d'hôtel.

On ne la trouva pas dans sa chambre, on

ne la trouva pas au salon, on ne la trouva pas dans le parc ; on sonna une seconde fois sans qu'elle parût entendre la cloche. M. de Beaujon, devenu inquiet, cherchait lui-même la belle inconsolée, mais il lui fallut dîner seul. S'il dîna mal, peu vous importe ; ce n'est pas l'histoire de M. de Beaujon que j'écris ici.

— Elle aura voulu aller chez elle, dit le financier, mais elle reviendra ce soir quand elle verra que les huissiers ont passé par là.

Elle ne revint pas — ni le soir — ni le lendemain — ni jamais.

M. de Beaujon pleura, mais avec de vraies larmes, cette vision évanouie. C'était la seule fois de sa vie qu'il avait vu passer le bonheur dans cette charmante image de Marion En vain il tenta de l'oublier en reprenant son train de vie, en courant l'Opéra et les soupers galants. Mais il ne s'y retrouvait plus.

XVIII

Il y a encore à Beaujon un beau sycomore tout enseveli sous le lierre, qui s'appelle, par tradition, l'arbre à Marion. M. de Beaujon aimait à lire ses chers philosophes à l'ombre de ce grand arbre; peut être y retrouvait-il cette fraîche et poétique vision qui avait effleuré sa vie et avait répandu dans son cœur la soif de l'amour infini.

XIX

Où était-elle, Marion? La pauvre fille avait en toute hâte repris le chemin de la petite chambre qu'elle habitait rue Saint-Dominique-du-Roule en ces tristes années de misère où Dieu, du moins, veillait sur elle, où l'amour du travail donnait à son cœur je ne sais quel doux battement d'espérance. La chambre était toujours là, pauvre et désolée comme autrefois, mais on y respirait encore l'air vif de la vertu. Cette chambre avait été habitée deux automnes seulement depuis l'absence de Marion : une fois par une repasseuse et une fois par un prêtre italien. Sans doute le séjour n'avait plu ni au prêtre ni à la repasseuse. Personne depuis n'avait voulu y poser son château de cartes.

— Eh bien, moi, j'y reviens et j'y mourrai, dit Marion à la servante du propriétaire, qui lui contait cela.

Il lui restait quelques bijoux, qu'elle se hâta de changer contre un lit et quelques meubles. Elle put même avoir un mauvais clavecin, désormais son unique confident.

Elle brodait comme une fée. Elle reprit sa chère aiguille, mais, au premier point, elle sentit tomber son courage. Elle regarda les murs tout nus de sa chambre, elle se souvint de son luxe coupable, mais charmant.

— Non, non, dit-elle en jetant son aiguille, non, je n'aurai plus la force de vivre ici.

Le prêtre italien avait crayonné çà et là sur les murs des versets de l'Imitation de Jésus-Christ. Marion fut tout à coup frappée par ces lignes :

Vous retrouverez dans votre cellule ce que vous avez perdu au dehors.

La cellule est douce si on continue à y demeurer, elle devient mortelle si on la garde mal.

— L'âme y trouve le ruisseau de larmes où elle se lave et se purifie pour devenir plus familière avec Dieu.

Marion tomba agenouillée, essuya ses larmes et ramassa son aiguille.

— Ma chère aiguille ! dit-elle en la portant à ses lèvres.

Elle se mit au travail, ne s'interrompant que pour égarer ses beaux yeux dans le bleu du ciel ou pour tromper encore son cœur en lui jouant au clavecin quelques airs du beau t mps.

La misère, qui avait l'habitude des lieux, ne tarda pas à venir s'accroupir, comme autrefois, sur le seuil de la porte. La pauvre fille eut beau faire, il lui fallut subir encore le froid et la faim. Elle confiait son travail à des mains infidèles qui ne lui rapportaient que la moitié de ce qu'elles recevaient. Car elle ne voulait pas aller elle-même, de peur d'être reconnue, porter ses broderies aux grandes dames de la porte Saint-Honoré.

Toutefois elle parvenait à payer son toit et son pain.

Elle trouvait encore de quoi parer de fleurs la tombe de sa mère. Il est vrai que c'étaient les fleurs de sa fenêtre. Le dimanche elle avait même un convive à sa table : l'enfant trouvé, qui menaçait d'être un mauvais garnement, et qui trouvait fort mauvais que Marion fût redevenue pauvre.

De temps en temps les voisines disaient

encore : « Comme mademoiselle Marion chante bien. »

Mais elle ne chantait plus comme dans le bois de Meudon :

> Aimons-nous follement.

. . . .

Elle chantait :

> Une fièvre brûlante...

. . . .

XX

Tout le monde sait que M. de Beaujon a bâti un hôpital à Paris, comme eût fait un roi de France. Or, quand l'hôpital fut bâti, il ne se contenta pas d'y répandre encore des millions pour que la mort y fût moins triste ou que la santé y pût refleurir, il y alla souvent consoler lui-même les malades.

Un matin qu'il suivait pas à pas le médecin dans tous les méandres de ce refuge des désolations, il fut arrêté au passage par la main la plus délicate qui jamais lui eût été tendue.

— Quoi! lui dit une voix émue, vous ne m'auriez pas reconnue si je ne vous avais pas tendu la main?

— Non, dit M. de Beaujon d'un air surpris, qui êtes-vous?

— Qui je suis? pourquoi vous le dire? Je vais mourir et j'aurais mieux fait de vous laisser passer.

— Ah! mon Dieu! dit M. de Beaujon en pâlissant.

Il avait reconnu Marion.

— Vous ici!

— Oui, moi ici, voyez comme vous avez bien fait de bâtir un hôpital.

XXI

M. de Beaujon voulut emmener Marion chez lui, mais Marion voulut mourir à l'hôpital; vainement le médecin essaya de la décider, lui disant que l'air vif des jardins lui rendrait la vie, vainement les porteurs de M. de Beaujon se présentèrent-ils deux fois avec une prière du financier : Marion dit qu'elle avait offensé Dieu et qu'elle voulait mourir comme les plus humbles de ses créatures.

Le lendemain M. de Beaujon retourna la voir. Elle achevait de vivre, où plutôt elle achevait de mourir. Elle était pâle et immobile comme une statue de marbre déjà couchée sur un tombeau. On voyait que, toute recueillie en elle-même, elle n'avait plus de pensée, elle n'avait plus de sentiment, elle n'avait plus d'amour que pour Dieu seul.

— Voyez, dit-elle à M. de Beaujon en lui montrant un livre ouvert devant elle, voilà qui m'a ouvert trop tard les portes du ciel.

Ce livre, c'était l'*Imitation de Jésus-Christ*.

— Pourquoi avez-vous quitté ma maison? lui demanda M. de Beaujon.

— Ne suis-je pas encore dans votre maison? lui répondit-elle avec un sourire; mais ici c'est aussi la maison de Dieu. J'ai quitté l'autre parce que vous m'aimiez et parce que je ne vous aimais pas. Quand j'ai vu que l'ami allait devenir un amant, je me suis arrachée à la douce habitude de vivre dans votre solitude. Je sentais, d'ailleurs, que je ne vivrais pas longtemps, et déjà il ne me restait que trop peu de jours pour me repentir. Je suis indigne de la grâce de Dieu; mais au moins c'est l'amour seul qui m'a perdue. Dans les plus folles heures de ma vie, chaque fois que je suis tombée dans l'abîme, c'est mon cœur qui m'a entraînée. Je n'ai trompé personne. Vous comprenez pourquoi je me suis enfuie quand j'ai vu que vous m'aimiez.

Cette confession, faite avec peine par une voix qui voulait cacher la moitié de ce qu'elle disait, ne flatta pas beaucoup M. de Beaujon.

— L'amour et l'argent ne vont jamais de compagnie, se dit-il à lui-même. L'amour a les poches vides et n'y loge que l'espérance.

XXII

Cependant le capitaine Lagarde avait eu beau courir les folles amours, il avait gardé dans son cœur un souvenir religieux pour Marion, qui avait été le vrai rayon de sa jeunesse.

Il l'avait revue çà et là au théâtre, il était parvenu à l'attendrir encore un soir qu'il lui tenait les deux mains dans les coulisses, il avait presque rallumé cette belle flamme et avait failli l'entraîner rue de l'Arbre-Sec, là où ils avaient été heureux. « Non, non, s'était écriée Marion, la rue Bailleul est trop près de la rue de l'Arbre-Sec. » Et elle avait dénoué, d'une main victorieuse, cette chaîne fatale qui allait l'étreindre encore.

Quand Marion quitta le théâtre, le capitaine Lagarde était en campagne sur les bords du Rhin. Son colonel, M. de Latour-Maubourg, l'envoya en mission secrète à Versailles. Il n'eut que le temps de traverser Paris.

— Si seulement je pouvais voir Marion ! se disait-il en revenant de Versailles par le Cours-la-Reine; mais qui me dira de ses nouvelles ?

Il se souvint que la marchande des quatre saisons, qui avait été témoin de la première page de leur roman, était venue souvent voir Marion rue de l'Arbre-Sec. Un jour même, après leur brouille, elle s'était chargée d'une lettre pour l'Opéra-Comique.

Il éperonna son cheval et traversa les Champs-Élysées. Il s'en alla droit rue Saint-Dominique-du-Roule.

Comme il mettait pied à terre, il vit débusquer la marchande des quatre saisons de l'obscure allée d'où Marion était sortie si gaiement avec lui, et où elle était rentrée si tristement avec l'ombre du marquis de Rouville.

La marchande des quatre saisons, qui n'avait pas subi de pareils contre-temps, était toujours là avec son éventaire et sa figure radieuse.

— Ah! vous voilà! dit-elle d'un air ouvert.

Mais, se rembrunissant tout à coup :

— Vous arrivez trop tard, mon cher.

— Qu'est-ce que cela veut dire ? interrompit brusquement le capitaine.

— Cela veut dire que mademoiselle Marion est morte ou n'en vaut guère mieux.

— Morte ! Où est-elle ?

— A deux pas d'ici, à l'hôpital.

— A l'hôpital ! grand Dieu ! Marion à l'hôpital !

— Eh bien ! oui, elle y est comme j'y étais cet hiver : l'hôpital n'est pas fait pour les chiens.

Le capitaine était pâle comme la mort ; il tourmentait de la main la crinière de son cheval et regardait d'un œil fixe la marchande des quatre saisons.

— A l'hôpital ! murmura-t-il encore d'un air abattu.

Il remonta à cheval et alla à l'hôpital Beaujon.

On ne voulait pas le laisser entrer, mais il entra en tirant son épée. Toutes les sœurs de charité se regardèrent avec effroi, car il avait l'air d'un fou.

— Mademoiselle Marion de la Ferté ? dit-il sans s'arrêter.

Une religieuse qui comprit sa douleur lui fit signe et le conduisit droit au lit de Marion.

— Voilà le numéro 17, dit-elle de sa

voix la plus douce. C'est sans doute votre sœur?

C'était une heure après la visite de M. de Beaujon.

Marion n'avait plus qu'un souffle; elle avait eu le délire toute la nuit; elle ne voyait plus, elle n'entendait plus.

Pourtant, quand le capitaine lui saisit la main et lui parla, il se fit en elle une révolution, comme un dernier combat de la vie et de la mort. Elle entendit vaguement les paroles tendres du capitaine, mais elle ne le reconnut pas et le prit sans doute pour le marquis de Rouville, car elle ne lui dit que ce seul mot, qui le blessa mortellement au cœur :

« *Ah! mon cher Rouville, vous ne vous attendiez pas à me retrouver ainsi?* »

— Marion! Marion! tu ne me vois donc pas? s'écria M. de Lagarde.

Marion regarda le capitaine d'un œil fixe, et, de sa blanche main soulevant un crucifix qu'elle avait sur la poitrine, elle l'appuya sur ses lèvres éteintes.

— Marion! Marion! dit encore le capitaine en lui pressant la main.

Marion était morte.

XXIII

Le capitaine Lagarde se fit tuer à la bataille de Rosbach.

— Ah ! Marion ! dit-il en expirant, tu me reconnaîtras là-haut !

FIN.

VINGT-QUATRIÈME ANNÉE

L'ARTISTE

BEAUX-ARTS
ROMANS — VOYAGES — PHILOSOPHIE
LES ACADÉMIES
LE MONDE — LES THÉATRES

RÉDIGÉ PAR

ARSÈNE HOUSSAYE — PAUL MANTZ
ROGER DE BEAUVOIR — ALPHONSE KARR
CLÉMENT DE RIS — LÉON GOZLAN
GÉRARD DE NERVAL — PIERRE MALITOURNE

80 GRAVURÉS PAR AN

D'APRÈS INGRES, DELACROIX, SCHEFFER,
DECAMPS, COUTURE, LEHMANN, ROUSSEAU, DUPREZ, DIAZ,
VIDAL, GAVARNI, CHASSÉRIAU, ROSA BONHEUR,
LELEUX, VERDIER, ROQUEPLAN, BARON.

Chaque numéro de L'Artiste, — les 1ᵉʳ et 15 de chaque mois, — contient trois gravures sur acier, un Roman, un Conte ou une Nouvelle, une Chronique du monde parisien, une Revue des expositions en France et à l'Étranger, divers Articles variés, portraits littéraires, intérieurs d'ateliers, etc.

Paris : 48 fr. par an ; 12 fr. pour 3 mois.
Province : 54 fr. ; 14 fr. pour 3 mois.
Étranger : 60 fr. ; 16 fr. pour 3 mois.

On souscrit directement aux bureaux de L'Artiste, quai Voltaire, 5, par une lettre au Directeur, renfermant un mandat sur la poste ou donnant l'avis de faire traite.

GRAVURES ET LIVRES D'ART PUBLIÉS PAR L'ARTISTE

LES PEINTRES VIVANTS

TEXTE

THÉOPHILE GAUTIER — ARSÈNE HOUSSAYE
PAUL MANTZ

100 GRAVURES IN-FOLIO

D'APRÈS LES PLUS BEAUX TABLEAUX CONTEMPORAINS

125 fr. l'ouvrage complet.

1 fr. 25 c. la gravure épreuve avant la lettre.

Les souscripteurs à dix gravures les reçoivent *franco* à Paris et en province.

On remarque parmi ces cent gravures :

L'Odalisque.	Ingres.
Les Bacchantes.	Gleyre.
La Fenaison.	Armand Leleux.
Les Bœufs.	Rosa Bonheur.
La Lecture du roman.	Diaz.
La Source.	Nanteuil.
Les Nymphes.	Français.
L'Orgie romaine.	Couture.
Combat de Coqs.	Gérôme.
L'Odalisque.	Eugène Delacroix.
Le Mot d'ordre.	Adolphe Leleux.
La Morte.	Decamps.

REMBRANDT, SA VIE ET SES ŒUVRES

PAR ARSÈNE HOUSSAYE

Un volume in-folio, format royal, 20 eaux-fortes gravées par Rembrandt (entre autres, la célèbre *Descente de Croix*, la *Mort de la Vierge*, la *Résurrection de Lazare*, les *Deux Vénus, etc.*).

Prix : 25 francs.

HISTOIRE DE LA PEINTURE

FLAMANDE ET HOLLANDAISE

PAR ARSÈNE HOUSSAYE

Un volume in-folio, avec 100 magnifiques gravures d'après Rubens, Van Dyck, Rembrandt, Téniers, Ruysdaël, etc.

Prix : 250 francs.

COLLECTIONS DE L'ARTISTE (1830-1854)

1,550 FRANCS

L'Artiste est le livre le plus beau et le plus considérable qui ait jamais été publié. C'est toute une encyclopédie des arts et des lettres par le texte et par les gravures. Il n'est pas aujourd'hui un seul nom glorieux qui n'ait apporté son talent à ce recueil, tout à la fois recherché par les artistes et les gens du monde. Les belles collections sont hors de prix dans les ventes publiques.

50 volumes, 2,250 gravures hors du texte, avec l'abonnement à 1854, — 1,550 francs.

BELLES GRAVURES PUBLIÉES PAR L'ARTISTE

		francs.
La Muse du souvenir.	Vidal.	20
Le Chant national.	Charlet.	20
Le Harem.	Diaz.	20
La Danse des Nymphes.	Gaspard de Crayer.	5
Le Musico hollandais.	Brakenburg.	5
Le Sacre de Louis XVI.	Fragonard.	10
Les Cavaliers en bonne fortune.	Vanloo.	5
Le Sommeil des Bacchantes.	Boucher.	15
L'Odalisque.	Ingres.	5
Le Panier de cerises.	Boucher.	15
Portrait de Daniel Stern.	Lehmann.	10
La Diane chasseresse.	Diaz.	15
Scène d'Ivanhoé.	Delacroix.	20
Le Fil rompu.	Vidal.	20
Les Illusions perdues.	Gleyre.	15

Les amateurs et marchands d'estampes trouveront au bureau de L'Artiste plus de 1,500 gravures petit in-folio ou grand in-quarto, d'après l'école flamande ancienne et l'école française contemporaine.

PARIS. TYP. SIMON RAÇON ET COMP., RUE D'ERFURTH, 1.

ARSÈNE HOUSSAYE

GALERIE DE PORTRAITS DU XVIIIe SIÈCLE
2 séries à 3 fr. 50 c. — 5e édition.

VOYAGE A MA FENÊTRE
1 vol. grand in-8, gravures sur cuivre et gravures sur acier. — 12 fr.

POÉSIES COMPLÈTES
1 vol., 3 fr. 50 c. — 3e édition.

HISTOIRE DE LA PEINTURE FLAMANDE ET HOLLANDAISE
Edition in-folio avec 100 gravures. — 250 fr.
Edition allemande avec 50 gravures. 150 fr.

PHILOSOPHES ET COMÉDIENNES
2 vol. à 3 fr. 50 c. — 3e édition.

BELLES DE JOUR ET BELLES DE NUIT

sous presse

REPERTOIRE DU THÉATRE-FRANÇAIS

HISTOIRE DU QUARANTE ET UNIÈME FAUTEUIL DE L'ACADEMIE

VOYAGES ET PARADOXES

HISTOIRE DE LA PEINTURE FRANÇAISE

— Typ. Simon Raçon et Cie, rue d'Erfurth.

www.ingramcontent.com/pod-product-compliance
Lightning Source LLC
LaVergne TN
LVHW050644090426
835512LV00007B/1038